LES MAGOTS,

PARODIE DE L'ORPHELIN DE LA CHINE; EN VERS, EN UN ACTE.

Représentée pour la premiere fois par les COMEDIENS ITALIENS ORDINAIRES DU ROI, *le Vendredi 19 Mars 1756.*

Le prix est de 24 sols.

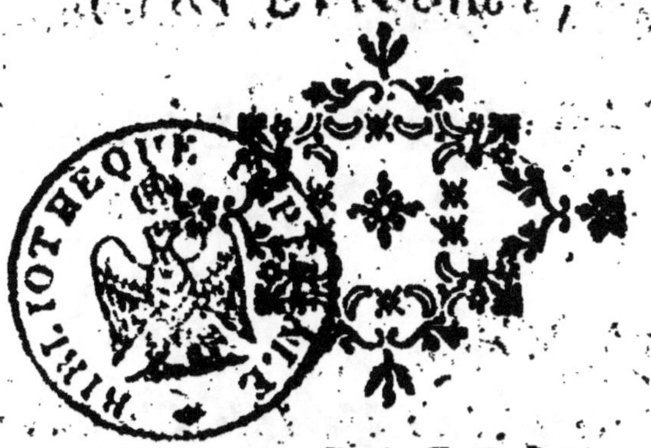

A PARIS,
Chez la Veuve DELORMEL, & Fils, Imprimeur de l'Académie Royale de Musique, rue du Foin.

M. D. CC. LVI.

AVEC PRIVILEGE DU ROI.

NOMS DES ACTEURS.

CHANSI, *Precepteur des Enfans du Gouverneur d'un Isle de la Chine.*	Mr. Chanville.
CHNAPAN, *Bonze.*	Mr. Sticotti.
MALDAMÉ, *Femme de Chansi.*	Mlle. Catinon.
BON CONSEIL, *Femme de Chambre de Maldamé.*	Mlle Susette.
SACRIPAN, *Chef de Corsaire.*	Mr. Déhesse.
HOUMAR, *Confident de Sacripan.*	Mr. Débrosses.

La Scene est dans une Isle de la Chine.

LES MAGOTS,

PARODIE DE L'ORPHELIN DE LA CHINE.

SCENE PREMIERE.

MALDAME, BONCONSEIL.

MALDAME.

POUR ouvrir l'entretien, l'ordre de Melpomene,
Veut qu'on dise d'abord où se passe la Scene ;
Mais, je prends aujourd'hui des chemins différens.
Sans coëffe, sans panier, sans pompons, & sans gands,

Etant à la Chinoise, il faut qu'on s'imagine
Quoiqu'on n'en dise rien, que l'on est à la
Chine.

BONCONSEIL.

Madame, j'applaudis à la réflexion,
Commencez sans tarder votre exposition.

MALDAME'.

Jour triste! jour affreux! un Scélérat habile,
A changé tout à coup la face de cette Isle;
Le pauvre Gouverneur fuit devant Sacripan,
Cet écumeur de mer, ce malheureux Forban
Pille, frappe, ravage & réduit tout en cendre;
Mais, s'il est si méchant c'est qu'il a le cœur
tendre.

BONCONSEIL.

Qu'en sçavez-vous, Madame?

MALDAME'.

Apprends que ce coquin,
Qu'on nomme Sacripan, se nommoit Barbarin.

BONCONSEIL.

Il me souvient vraiment, qu'il vous contoit
fleurette.

MALDAME'.

Ce n'étoit qu'un faquin; mais il m'eut satisfaite

A travers ses haillons, un air noble, un air grand
M'interessoit pour lui, me présageoit son rang.
Bonconseil, croirois-tu que malgré sa misere,
Un jour qu'il demanda la passade à mon Pere
Il lui dit sans façon qu'il vouloit m'épouser,
Et jusqu'en suppliant, il sembloit maitriser.

BONCONSEIL.

Il étoit bien hardi.

MALDAME.

C'est un excès d'audace;
Mais son air d'insolence avoit certaine grace
Qui me plaisoit beaucoup; & mon orgueil flatté
Se proposoit déja d'adoucir sa fierté,
Quand mon Pere indigné d'un amant de la sorte,
Avec un bon bâton mit le drôle à la porte.

BONCONSEIL.

Ces peres gatent tout. Son éducation
Vous auroit fait honneur.

MALDAME.

Oui, mon intention
Etoit si bonne, hélas! on fut trop difficile;
Un refus a causé les malheurs de cette Isle.
De plus, le Gouverneur m'unit en même tems
Avec le Précepteur de Messieurs ses Enfans.

BONCONSEIL.

Votre Epoux est bien vieux, ce choix parut
étrange :
Je crois que vous avez perdu beaucoup au change.

MALDAME.

Barbarin, n'écoutant qu'une aveugle fureur
Se fit contrebandier au nez du Gouverneur.
Ce matin dans cette Isle il est tombé des nües,
A, du Gouvernement forcé les avenües,
Et je l'attends ici pour voir ce qu'il fera.

BONCONSEIL.

Madame, à dire vrai je m'en doute déja.
Il n'est pas seul j'espere.

MALDAME.

Ah! dans ces lieux peut-être
Cinq cent hommes cruels accompagnent ce traî-
tre,
Et nos pauvres Maris vont sentir leur couroux.

BONCONSEIL.

Si de cette façon ils traitent les époux,
Madame, comment donc traiteront-ils les fem-
mes?

MALDAME'.

Cette crainte est trop juste & doit glacer nos ames.

BONCONSEIL.

Vont-ils bientôt venir ?

MALDAME'.

Scélérat triomphant ;
L'amour me parle en vain, ma vertu me défend.
Je t'aime, & n'aurai pas un instant de foiblesse,
J'écouterai toujours la voix de la sagesse.
Cependant s'il venoit, farouche & plein d'ardeur,
Fais-moi ressouvenir de crier au voleur.

SCENE II.

CHANSI, MALDAME', BONCONSEIL.

MALDAME'.

CHER Epoux, que fait-on ?

CHANSI.

Nous n'avons plus de Maître,
J'ai vû le Gouverneur jetté par la fenêtre.

Cinq de Messieurs ses Fils l'ont suivi lestement;
Et Madame a reçu le même traitement.
On l'a vûe en plein air faire la cabriole.
Leur dernier Fils nous reste, & j'ai donné parole
De conserver ses jours.

MALDAME.

C'est un bon procedé.

CHANSI.

Son Pere à haute voix me l'a recommandé
Devant ses Ennemis, animés au carnage.
On massacroit les gens de tout sexe & tout âge;
Et moi, sans nul obstacle, admirés mon bonheur,
J'arrive sain & sauf auprès du Gouverneur.
Il attendoit la mort, au lieu d'être en deffence,
Sa femme délassée étoit sans connoissance;
Leurs Enfans autour d'eux crioient: Papa, Maman..
On les a tous liés; le Gouverneur prudent,
Se voïant ainsi pris & la fenêtre ouverte,
Avec bien du bon sens a pressenti sa perte.
Il me voit, il m'appelle, & me dit en argot:
» Sauve du moins les jours de mon fils au maillot.
Dès qu'il a dit ces mots, sans qu'on le deshabille,
On le jette à la Mer & toute sa Famille.
Pour moi l'on m'a laissé sortir paisiblement,
Pour faire exécuter un si beau Testament.

MALDAME'.

Ils devoient bien aussi noïer votre personne?

CHANSI.

Non les plus grands coquins ont toûjours l'ame bonne.
Je sçais bien que je puis leur devenir fatal;
Mais ils m'ont épargné, voilà le principal.
Soit que j'aye à leurs yeux parû trop respectable,
Soit que j'aye à leurs yeux parû trop méprisable;
Soit qu'un Dieu vigilant plus brillant qu'un éclair;
Empêche les voleurs d'entendre & de voir clair,
Et d'ailleurs si leurs mains m'avoient ôté la vie;
On n'auroit jamais pû faire la Tragedie.

SCENE III.

HOUMAR, CHANSI, MALDAME', BONCONSEIL.

HOUMAR.

DU fameux Sacripan; illustre Ambassadeur
Je viens donner ici des traits de son bon cœur.
Ce vainqueur avec lui ne veut pas qu'on badine:
Vous avez en dépôt un Magot de la Chine.

Sans sa mort, les Magots vont tomber sous nos coups,
Et l'on aura grand soin de commencer par vous.
Ne me répliquez rien, j'éxige le silence,
Je veux parler tout seul : je devrois par prudence
Emporter cet Enfant dont on à tant besoin ;
Mais tout seroit fini si je prenois ce soin.
La nuit vient, le jour fuit . . . c'est bien la même chose.
Avant qu'il soit plus tard, allés qu'on se dispose
A livrer ce marmot ; sinon, vous êtes mort,
Partés, dépêchés vous, je l'attends & je sors.

SCENE IV.

MALDAME CHANSI, BONCONSEIL.

MALDAME.

A Cet évenement vous deviez vous attendre
Et la nécessité vous contraint à le rendre.

CHANSI.

Il ne perira point j'en ai fait le serment.

MALDAMÉ.

C'est un foible secours qu'un pareille jurement.

CHANSI.

Nous pourrons à l'Enfant conserver la lumiere;
Il faut l'aller porter au fond de la Glaciere.

MALDAMÉ.

J'y consens, je le vais porter dans cet endroit;
Mais je crains bien qu'un jour il ne meure de froid,

SCENE V.

CHANSI, CHNAPAN.

CHNAPAN.

L'Excès de nos malheurs fendroit un cœur de bronze.

CHANSI.

De ce Temple sacré, quoique tu sois un Bonze;
Dis crois-tu bien au Dieu que tu sers?

CHNAPAN.

Quel propos!
Apparament.

CHANSI.

Eh bien, écoute en quatre mots

Le projet le plus beau, le plus neuf, le plus rare ;
Et d'autant plus frapant qu'il paroîtra bizare.
Mais, il faut avant tout, sur ta foi, me jurer
De garder le secret que je vais déclarer.

CHNAPAN.

Ne craignés pas Seigneur que jamais on le sçache;
Oui, j'en prens à témoin votre auguste moustache.

CHANSI.

Je vais t'ouvrir mon cœur : tu n'es qu'un franc gredin,
Et c'est un grand bonheur pour servir mon dessein.

CHNAPAN.

Vous êtes bien poli quand vous voulés séduire.

CHANSI.

Sans être remarqué, tu peux tout faire & dire ;
Saisis mon Fils unique il est dans le berçeau
Et vas pour l'Orphelin le porter au Boureau.

CHNAPAN.

Cela n'est pas possible, Eh que voulés vous faire ?
On vous soupçonnera de n'en être pas pere.

CHANSI.

Si fait, ma femme est sage à ce que l'on m'a dit;
Mais qu'elle ignore tout, elle en perdroit l'esprit;
Escamote l'Enfant à l'inçû de Madame.

SCENE VI.

CHANSI *seul.*

Mais comment lui cacher cette odieuse
trame?
Le Marmot braillera, la Nourice criera,
La Mere y va courir; tout se découvrira.
Il faut pour la tromper inventer quelque fable:
Le mensonge est toûjours honnête & sociable,
La vérité fait peine, on préfere l'erreur,
L'art de mentir, n'est fait que pour notre bon-
heur.
Oui, cherchons quelque feinte.... il n'en est
point de bonne;
Mais dans les grands desseins, toûjours ont dérai-
sonné.
Quoiqu'il en soit, mon nom va se rendre im-
mortel.
C'est donner un entorce à l'amour paternel,
Je suis dénaturé pour que l'on m'applaudisse;
Il n'importe à quel prix, pourvû qu'on réussisse.

SCENE VII.

MALDAMÉ, CHANSI.

MALDAMÉ.

Je vous trouve à propos, Monsieur le Mandarin.
Ma fureur vous cherchoit pour vous faire un beau train :
Je viens de voir mon fils qu'on livroit aux Corsaires ;
Je viens d'épouvanter ces brigands téméraires,
Et ces monstres cruels, moins que vous, inhumains,
M'ont laissé retirer mon fils d'entre leurs mains.

CHANSI.

O Ciel !

MALDAMÉ.

Depuis cinq ans que je suis votre Epouse,
Nous n'avons qu'un enfant ; si nous en avions douze,
Encore passe, on pourroit en sacrifier un ;
Mais, qu'on m'ôte le mien, il ne m'en reste aucun.
Refléchissez-y bien, songez que je suis *sage*,

Et qu'un enfant est cher, lorsque l'on a votre âge.

CHANSI.

Hélas ! Je l'ai livré sans trop sçavoir pourquoi ;
Mais il faut bien un peu faire parler de soi.

MALDAME'.

C'est pour se distinguer se mettre à la torture,
La raison en gémit, la tendresse en murmure.
Bon homme, de quel droit vous croyez-vous permis
De faire à mon insçû les honneurs de mon fils ?

CHANSI.

C'est le bien de l'Etat, telle est notre misere ;
Vous êtes Citoyenne avant que d'être mere.

MALDAME'.

Seigneur cette pensée est jeune comme vous.

CHANSI.

Portez plus de respect à votre illustre Epoux,
Au lieu du vrai Magot, il faut livrer le vôtre.

MALDAME'.

Si vous aimez mieux l'un, pour moi j'aime mieux l'autre ;
Monsieur le Gouverneur à tort d'être noyé.

Et puisqu'il est défunt, il doit être oublié,
Dès que les Grands sont morts, on doit saisir l'Epoque
Qu'ils ne sont plus à craindre, enfin que l'on s'en moque.
Hélas! Que l'on soit pauvre, ou qu'on méne un grand train,
Tout mortel est chargé de son petit chagrin,
Chacun à ses malheurs.

CHANSI.

Elle est belle parleuse,
Sans mériter le nom de bonne raisonneuse.

MALDAME'.

Que marmotte tu la? dis?

CHANSI.

Que j'avois l'honneur
D'élever les enfans de notre Gouverneur.

MALDAME'.

Dès qu'il est mort, te dis-je, il n'a rien a prétendre.
Je ne dois point mon sang en tribut à sa cendre;
Le nom de Précepteur n'est pas plus saint pour nous,
Que les noms si sacrés, & de Pere, & d'Epoux;

Le

Le mariage enfin vient des Dieux en droiture ;
Ils nous le font aimer, & le tout par nature.

CHANSI.

Sacripan & sa troupe avancent dans ces lieux.
Pour filer l'intérêt, éloignons nous tous deux.

SCENE VIII.

SACRIPAN, HOUMAR, *suite.*

SACRIPAN.

MEs amis, c'est assez briser de Porcelaines,
Que ces travaux Chinois soient le prix de vos peines ;
Ces bijoux de vieux laç, & ces colifichets,
Qui des petits enfans sont ici les jouets,
Amas confus & vain de richesses fragiles,
Pour payer vos exploits vont devenir utiles.
Cent Vaisseaux orgueilleux, du bout de l'Univers,
Follement vont franchir l'immensité des Mers ;
Ils chercheront nos bords, & nous rendront les modes
D'un Pays où l'argent se dépense en Pagodes,
Et l'on viendra chercher à travers les hazards,
Ces joujoux qu'on préfére aux chef-d'œuvres des Arts.
Si se goût pueril est une extravagance,
Ce mauvais goût nous sert, il occupe la France.

Que ce peuple poli nous donne ses lingots,
Conservons nos vertus, & vendons nos Magots
La sagesse préside au Pays où nous sommes,
Elle met à profit la sotise des hommes.
Sortez. Demeure Houmar.

SCENE IX.

SACRIPAN, HOUMAR.

SACRIPAN.

Voila donc ce Palais
Que je me suis promis de n'oublier jamais!

HOUMAR.

Nous y fûmes rossés.

SACRIPAN.

Cela fit ma fortune,
J'aurois toûjours rampé comme une ame commune.
J'ai ravagé cette Isle, & son destin affreux,
Houmar, n'est que l'effet d'un dépit amoureux.
Que de maux a produits une simple grisette!
J'avois depuis cinq ans, que je fis ma retraite,

Oublié mon amour par un motif plus grand ;
Mais, je sens tout-à-coup que cela me reprend,
Ecoûte les soûpirs de mon ame enflâmée.

HOUMAR.

Mon oreille, Seigneur, étoit accoûtumée
Au bruit de nos mousquets, aux cris de nos chevaux,
Et non à vos soûpirs qui me semblent nouveaux.

SACRIPAN.

Elle doit bien gémir de n'être pas ma femme.

HOUMAR.

Un soin plus important doit occuper votre ame.
Seigneur, un certain Bonze, au nom du Précepteur,
M'est venu présenter le fils du Gouverneur ;
Je comptois le tenir, une femme en furie,
Me porte sous le nez ses deux poings & s'écrie :
» Cet enfant est à moi, c'est mon bien, m'entend t'on ?
» Et cependant vous donne ici du galbanon,
» Avec l'autre Marmot, il a fait un échange,
» En un mot, cette affaire est un mic mac étrange,
» Qu'on me rende mon fils, dit-elle, je le veux,
» Ou dans le même instant je te poche les yeux.

Cette femme a séduit mon cœur par ses caresses ;
Car moi je suis toûjours sensible aux politesses.
J'ai lâché son Magot quelle a mis dans ses bras,
Et j'ai tourné le dos pour vous joindre à grands pas.

SACRIPAN.

Comment avez vous pû le céder de la sorte ?
Eh quoi, pour le reprendre étoit elle assez forte ?

HOUMAR.

Une femme qui crie, étonne un bataillon ;
Nous n'avons pû tenir contre son carillon.

SACRIPAN.

Rien n'est plus surprenant ! Je voudrois la connoître,
Qu'en ce moment, Houmar, on la fasse paroître.

HOUMAR.

Vous la voyez, Seigneur

SACRIPAN.

En croirai-je mes yeux ?
Quoi.... Maldamé.... c'est-elle... ah ! je suis furieux.

SCENE X.

MALDAME', SACRIPAN, HOUMAR.

SACRIPAN.

Vous avez un Enfant ! êtes-vous mariée ?

MALDAME'.

Seigneur....

SACRIPAN.

Et depuis quand vous êtes-vous liée ?

MALDAME'.

Du jour que pour tâcher de mériter ma main,
Vous devintes voleur de tout le genre humain.

SACRIPAN.

Votre mari vraiment va jouer un beau rôle.
Sans doute je m'attends que c'est un jeune drôle,
Dont l'air avantageux & les heureux talens....

MALDAME'.

Mon Epoux respectable a soixante-quinze ans.

SACRIPAN.

C'eſt donc un homme en place ?

MALDAME.

Il enſeignoit à lire
Au fils du Gouverneur.

SACRIPAN.

Parbleu je vous admire !
Comment un Précepteur, un homme obſcur & vieux,
Eſt le digne mari. . . . mais enfin, c'eſt tant mieux,
Je veux bien pardonner. (*à part.*) L'occaſion eſt bonne
Pour faire en mes filets tomber cette friponne.
(*à Maldame.*)
Gardez votre Marmot ; mais à condition.

MALDAME.

Qu'elle eſt-elle, Seigneur ?

SACRIPAN.

Plaiſante queſtion !
Je fus trop avili, ma gloire eſt offencée,
Et vous devez, Madame, entendre ma penſée.
Croyez-vous me traiter encore comme un oiſon ?
Vous m'avez mépriſé, j'en veux avoir raiſon,
Votre Epoux eſt coupable.

MALDAME'.

Et de quoi je vous prie.

SACRIPAN.

D'être heureux mari d'une femme jolie;
Mais j'en dis trop, je crois, & plus que je ne veux.
Le téméraire encore ose braver mes voeux!
Je demande un enfant, il m'en présente un autre;
Ce bon Epoux lui-même ose livrer le vôtre,
Et par un tour bien fin que l'on ne conçoit pas,
Il veut dans mon esprit jetter de l'embaras.
S'il ose me jouer....

MALDAME'.

Le voici qui s'avance.

SACRIPAN.

Je me passerois bien de sa triste présence.

SCENE XI.

CHANSI, SACRIPAN, MALDAMÉ, HOUMAR.

SACRIPAN.

Vieux Mandarin, approche, approche, & viens jurer....

CHANSI.

Avec bien du plaisir.

SACRIPAN.

Que viens-tu de livrer ?
Est-ce le vrai Magot ?

CHANSI.

Par le Dieu que j'atteste...

MALDAMÉ.

Si vous le laissez dire, il mentira de reste.

SACRIPAN.

Eclaircissons le fait : l'Enfant est-il de lui ?

MALDAMÉ.

Oui.

CHANSI.

CHANSI.

Non.

SACRIPAN.

Entendons-nous. l'un dit, non, l'autre, oui.

CHANSI.

L'Enfant est de mon Maître.

MALDAMÉ.

A-t'il bien l'impudence
D'oser me démentir avec tant d'indécence!

CHANSI.

J'ai rempli mon devoir.

SACRIPAN.

Je te prends donc au mot:
Qu'on aille expédier promptement ce Marmot.

MALDAMÉ.

Si l'on touche à mon fils, tu m'entends, que ta flâme
Ne se flatte jamais d'apprivoiser mon ame.

CHANSI.

Si l'on n'y touche pas, l'Orphelin grandira;
Et tu verras alors comme il te traitera.

SACRIPAN.

Qu'à sortir promptement, ce vieux pédant s'apprête,
Je veux avec sa femme avoir un tête à tête.

CHANSI.

Très-volontiers, Seigneur.

SCENE XII.

SACRIPAN, MALDAMÉ.

SACRIPAN.

Ça nous voilà nous deux :
Laissons les Marmousets, & parlons de mes feux,

MALDAMÉ.

Hélas ! Pour vous entendre ai-je l'esprit tranquille ?
Ne m'entretenez point d'un amour inutile,

SACRIPAN.

Sortez donc : cet amour vous feroit trop d'honneur,
Je vais m'abandonner à toute ma fureur.

MALDAME.

Ah Seigneur !

SACRIPAN.

Laissez-moi, votre refus me choque ;
Et puisqu'il faut ici parler sans équivoque,
Si la clémence encore dans mon cœur peut entrer,
Vous savez quels affronts vous devez réparer.

SCENE XIII.

SACRIPAN, HOUMAR.

SACRIPAN.

JE voudrois me vanger Houmar, & je soupire ;
Qu'est-ce donc que l'amour ?

HOUMAR.

Je ne puis vous le dire ;
Je suis sur ce point-là stupide tout-à-fait.
Je ne m'entens Seigneur qu'à bourer mon mousquet,
A joüer de mon sabre & fumer une pipe.
Jamais à soupirer mon cœur ne s'émancipe,
Et j'ignore en amour & la crainte & l'espoir :
Me veut-on bien tant mieux, ne veut-on pas bon soir.

SACRIPAN.

Maldamé ne vient point.

HOUMAR.

Vous y songez encore.

SACRIPAN.

Non, s'en est fait, ami, je la hais, je l'abhorre,
Je ne veux plus la voir.

HOUMAR.

C'est aussi mon avis.

SACRIPAN.

Qu'on aille la chercher.

HOUMAR.

Quoi Seigneur ?

SACRIPAN.

Obéis.

HOUMAR.

Mais, sauf votre respect, souffrez que je vous dise
Que vous risquez de faire une grande sotise.
Tous nos avanturiers qui n'aiment qu'à piller,
Vous voïant amoureux, pouront bien vous railler.

SACRIPAN.

De ton zéle insolent reprime les saillies,
Je veux que mes Sujets respectent mes folies.

HOUMAR.

Seigneur, s'en est assez : je vais leur attester
Combien ils ont en vous matiere à respecter.

SCENE XIV.

SACRIPAN, *seul.*

JE pense qu'ils voudroient juger de ma conduite
Lorsque je leur permets de mourir à ma suite !
Jamais ces marauts là ne sont contens de nous.

SCENE XV.

HOUMAR, SACRIPAN, MALDAME.

HOUMAR (*à Maldamé.*)

SEigneur, je vous l'amene. Allons approchez-vous.
En confident discret, Seigneur, je me retire.

SCENE XVI.

SACRIPAN, MALDAME'.

MALDAME'.

Quel nouvel ordre encore auprès de vous m'attire !
Vous me faites trembler.

SACRIPAN.

Allez ne craignez rien.

MALDAME'.

Que voulez-vous de moi ?

SACRIPAN.

Mais, vous le savez bien.

MALDAME'.

Je vais vous parler net : quand j'étois encor fille,
Quand vous n'étiez vêtu que d'une figuenille,
Vous me plaisiez beaucoup. Peut-être bien qu'alors
Avec vous ma sagesse eut fait de vains efforts.

SACRIPAN.

O Ciel ! vous m'aimeriez ?

MALDAME'.

Par cet aveu sincere,
Vous sentez qu'à présent vous devez me déplaire.

SACRIPAN.

Je ne vous comprends point.

MALDAME'.

Vos vœux sont superflus,
Je vous aimois jadis, le tems passé n'est plus.

SACRIPAN.

Je suis toujours charmé de cette découverte ;
Cela peut revenir, rien ne me déconcerte,
Assez mal-à-propos vous faites un aveu
Qui doit servir encore à rallumer mon feu.
Oh ça, si vous voulez, avec vous je m'engage,
Et je casse aujourd'hui votre sot mariage.

MALDAME'.

Vous ne pouvez, Seigneur, aller contre la loi,
Elle a trop de pouvoir.

SACRIPAN.

Oh ; je m'en moque moi ;
Je ne connois de loi que le droit de la guerre,
Que la loi du plus fort, d'ailleurs je suis Corsaire.

MALDAME.

Si vous vous élevez au-dessus de nos loix,
Pour moi j'y suis soumise & l'hymen a ses droits.

SACRIPAN.

Laissez-nous donc passer un peu d'amour en fraude,
Ou, morbleu, songez-y, j'ai la tête un peu chaude.

MALDAME.

Que diroit mon Epoux?

SACRIPAN.

Madame, en ce moment
On va lui proposer un bon arrangement.
Si contre mes desirs ce vieux jaloux se cabre,
Pour rompre vos liens il ne faut que mon sabre;
Mais je crois qu'il sera plus docile que vous,
Et qu'il va s'en tirer comme nombre d'époux.
Je vous laisse y penser. * Pour hater sa défaite
Que l'on fasse approcher sa prudente Soubrette.

* *A la Cantonnade.*

SCENE XVII.

MALDAME', BONCONSEIL.

MALDAME'.

Ici trois interêts se trouvent compromis,
L'interêt du Magot, l'interêt de mon fils,
L'amant le plus pressant attaque ma sagesse;
Dis, pour lequel des trois crois tu qu'on s'interesse?

BONCONSEIL.

Madame, pour aucun.

MALDAME'.

Que me conseille tu?

BONCONSEIL.

Mais, ce seroit d'avoir un peu moins de vertu.

MALDAME'.

Ma chère Bonconseil, j'en suis assez tentée;
Mais, sur un ton si haut ma fierté s'est montée;
Jusqu'ici mon honneur ne s'est point démenti.

BONCONSEIL.

Votre amant reparoit, prenez votre parti.

SCENE XVIII.

SACRIPAN, MALDAME'.

MALDAME'.

Quoi je vous vois encor ?

SACRIPAN.

Que cette fille sorte.

Elle sort.

Houmar, éloignez-vous, veillez sur cette porte.

MALDAME'.

Que prétendez-vous donc ?

SACRIPAN.

Venir à tous instans
Dire la même chose en termes différens :
Préparez vous cruelle aux peines les plus dures;
Je ne vous ai pas dit encore assez d'injures.
Perfide, ingrate, hélas ! mon petit cœur, m'amour,
De rage & de tendresse, agité tour à tour....
Redoutez ma fureur..... Viens ça que je t'embrasse.

MALDAME'.

Vous perdez le bon sens, moderez vous de grace.

SACRIPAN.

Je tiens vos deux Marmots, on vient de les trouver;
C'est à vous à présent, Madame, à les sauver.
Ne faites plus l'enfant, cessez d'être severe.
Je suis venu piller cette Isle pour vous plaire,
Si vous vous obstinez à refuser ma main,
Pour abreger, je vais occir le Mandarin.

MALDAME'.

En me reconnoissant, vous auriez dû le faire.

SACRIPAN.

Je ne raisonne point quand je suis en colere.
Il va périr, c'est vous qui le sacrifiez.

MALDAME'.

Pour qu'on l'amene ici, je me serte à vos pieds.
A votre amour pour moi, s'il daigne condescendre,
Et s'il entend raison, je voudrai bien l'entendre,
C'est ma seule ressource.

SACRIPAN.

Il faut vous contenter;
Mais, ce n'étoit pas lui qu'il falloit consulter.
Qu'il vienne. Je ne sais ô Ciel ce que j'ordonne
Je me sens du transport & tout mon sang bouillonne,

Je ne me connois plus, tant je suis furieux ;
Je sens des passions le choc tumultueux,
Ah tête! ah ventre! ah mort! que de sang! quel carnage....
Sacripan, Sacripan, est-ce toi qu'on outrage ?
Ce sabre flamboïant....

MALDAMÉ.

Seigneur, que faites-vous ?

SACRIPAN.

Madame, je m'aprête à devenir bien doux.

MALDAMÉ.

Pour vous tranquillisez, Seigneur, je viens de faire
Une réflexion qui paroit nécessaire :
Attendez quelque tems, mon Epoux est cassé ;
Je serai bientôt veuve.

SACRIPAN.

Oh! moi je suis pressé.
Je vais vous l'envoyer, qu'il décide au plus vîte.

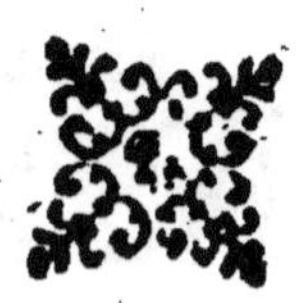

SCENE XIX.

MALDAME' *seule.*

MOn Mari va venir, Dieux, quel trouble m'agite!
Dois-je lui proposer... Que faut-il faire? hélas!
Mais je sais un moyen pour sortir d'embarras.

SCENE XX.

MALDAME', CHANSI.

MALDAME'.

SAis tu bien à quel prix le tiran nous fait grace?

CHANSI.

Ma Femme je le sais; que veut-on que j'y fasse?

MALDAME'.

Il tient les deux Enfans, hélas! malgré nos soins.

CHANSI.

Ma Femme, c'est pour nous deux embarras de moins.

On vient de m'ordonner de vous rendre visite.
Cette faveur m'est chere, il faut que j'en profite.
Je viens vous proposer de faire un bon marché ;
Vous allez voir combien je vous suis attaché
J'ai formé le projet en politique habile,
De céder au Tyran ce qui m'est inutile,
Et vous devez penser par un propos si doux
Que j'ai premierement jetté les yeux sur vous.

MALDAME'.

Le projet est galand, & je vous en rend grace.
Vous mériteriez bien, moi que je me donnasse ;
Par vos meilleurs amis vous serez combatu,
Et vous faites ici radoter la vertu,

MALDAME',

Moi, je prétends passer pour femme singuliere.
Je te serai fidelle, & mourrai la premiere.

CHANSI.

Que de bontés ma femme !

MALDAME'.

Ecoute mes projets :
Pourquoi perlrions-nous comme des gens abjects ?
Subissons notre sort sans qu'on nous humilie,
Ne souffrons point enfin qu'une main impolie
Nous serre avec un nœud trop fortement tendu

A nous faire mourir, si l'on s'est a attendu,
Il faut que l'on en ai le démenti.

CHANSI.

Sans doute;
C'est bien pensé cela. Que faut-il faire?

MALDAME'.

Ecoute,
Il faudra nous tuer pour éviter la mort.

CHANSI.

Eh mais, ma femme,

MALDAME'.

Quoi?

CHANSI.

Je vous approuve fort,
Quoi, préférer au jour l'honneur d'être fidéle!
On se contentera d'admirer ce modéle.

MALDAME'.

Allons, veux tu mourir?

CHANSI.

Malgré nos sages loix,
Je conçois que l'on peut se tuer quelquefois;
Mais, seuls & désarmés, Esclaves & victimes...

MALDAMÉ.

Ne vas pas étaler de grands mots & des rimes,
Qui dans ces momens-ci, ne signifiroient rien.
Désarmé, seul, victime, Esclave, on trouve bien
Le moyen de mourir quand on si détermine ;
Mais à tout j'ai pourvû : comme je suis plus fine,
A tout événement, j'ai pris ce grand couteau.
Allons, dépêchons-nous : cela sera bien beau.
Quoi ! Ce fer te fait peur ?

CHANSI.

Oh, qu'à cela ne tienne ;
Mais, prenons notre tems, attens que quelqu'un vienne,
Ma femme, il faut mourir le plus tard que l'on peut.

MALDAMÉ.

J'entends du bruit.

CHANSI.

Mourons, puisque l'honneur le veut.

MALDAMÉ.

Tiens, commence par moi, que ta main plus hardie
Frappe, & te tue après ; mais point de tricherie

CHANSI.

CHANSI.

C'est sur moi.

MALDAME.

C'est sur moi.

CHANSI.

Laisse-moi me frapper ;
Ne tire pas si fort, tu pourrois me couper.

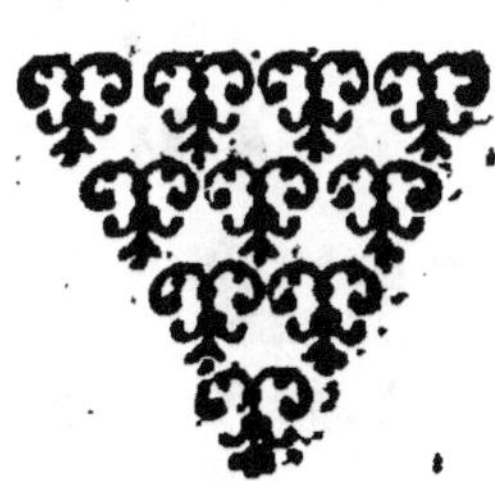

SCENE DERNIERE.

SACRIPAN, HOUMAR, *Suite*, CHANSI, MALDAMÉ.

SACRIPAN.

ARrêtés malheureux. O Ciel ! qu'alliez vous faire ?

MALDAMÉ.

Mourir pour te braver.

SACRIPAN.

Quel dessein téméraire !
Ne vous en flattés pas. J'avois tout écoûté,
Et je vous guettois-là.

CHANSI.

Je m'en suis bien douté.

SACRIPAN.

Vous apprendrez tous deux à souffrir mon empire,
Peut-être à faire plus.

MALDAMÉ.

Qu'oseroit-il nous dire ?
Voudrois-tu malgré moi.... ?

CHANSI.

Je ne sçais que penser.

MALDAMÉ.

A porter notre arrêt, pourquoi tant balancer ?

SACRIPAN.

Il va l'être, Madame.

MALDAMÉ.

Ah ! tous mes sens frémissent.

SACRIPAN.

Je veux morbleu.... je veux.... que vos craintes finissent ;
Je change tout-à-coup. Vivez heureux.

MALDAMÉ.

Comment !

SACRIPAN.

J'ai voulu vous surprendre avec ce dénouement.
Ce tiran, ce barbare, est enfin un bon-homme.

CHANSI.

Ah ! que je donnerois une bien grosse somme... !

SACRIPAN, *à Maldamé.*

Reprenez vos Enfans, l'un a l'air de Joas,
L'autre d'Astianax, pour eux ne craignez pas,
Je veux les adopter & leur servir de pere.

CHANSI.

Quoi Seigneur, tout de bon!

SACRIPAN. *à Chansi.*

Mon retour est sincere.
Veillez sur ces Marmots, donnez leur votre tems;
Je donnerai le mien à Madame.

CHANSI.

J'entends.

SACRIPAN.

Du titre de mari, conservez l'excellence
Je me contenterai d'avoir la survivance.

FIN.

APPROBATION.

J'Ai lû par ordre de Monseigneur le Chancelier *les* MAGOTS, Parodie, & je crois que l'on peut en permettre l'impression, ce premier Avril 1756.

CREBILLON.

www.ingramcontent.com/pod-product-compliance
Lightning Source LLC
LaVergne TN
LVHW020628110826
845149LV00004B/1091

* 9 7 8 2 0 1 9 1 9 5 4 1 0 *